BEI GRIN MACHT SICH IHR WISSEN BEZAHLT

AF145716

- Wir veröffentlichen Ihre Hausarbeit,
  Bachelor- und Masterarbeit

- Ihr eigenes eBook und Buch -
  weltweit in allen wichtigen Shops

- Verdienen Sie an jedem Verkauf

Jetzt bei www.GRIN.com hochladen und kostenlos publizieren

Bibliografische Information der Deutschen Nationalbibliothek:

Die Deutsche Bibliothek verzeichnet diese Publikation in der Deutschen National-bibliografie; detaillierte bibliografische Daten sind im Internet über http://dnb.d-nb.de/ abrufbar.

Impressum:

Copyright © 2015 GRIN Verlag
Druck und Bindung: Books on Demand GmbH, Norderstedt Germany
ISBN: 9783668740778

Dieses Buch bei GRIN:

https://www.grin.com/document/430972

Anna-Lea Fischer

Männlichkeit und Feminität. Soziale Ungleichheit, Dominanz und Unterdrückung

GRIN Verlag

GRIN - Your knowledge has value

Der GRIN Verlag publiziert seit 1998 wissenschaftliche Arbeiten von Studenten, Hochschullehrern und anderen Akademikern als eBook und gedrucktes Buch. Die Verlagswebsite www.grin.com ist die ideale Plattform zur Veröffentlichung von Hausarbeiten, Abschlussarbeiten, wissenschaftlichen Aufsätzen, Dissertationen und Fachbüchern.

Besuchen Sie uns im Internet:

http://www.grin.com/

http://www.facebook.com/grincom

http://www.twitter.com/grin_com

Universität zu Köln

Humanwissenschaftliche Fakultät

Seminar „Gender – Bildung - Ungleichheit"

Veranstaltungsnummer 14374.0006

Wintersemester 2015/16

Anna-Lea Fischer

Studiengang LA BA HRGe Bildungswissenschaften

7. Fachsemester

Hausarbeit zum Thema

„ Männlichkeit und Feminität: Soziale Ungleichheit,

Dominanz und Unterdrückung "

zum Erwerb von 4CP/LP

Inhaltsverzeichnis

1.Einleitung/ Forschungsfrage

Maskulinität und Feminität, beziehungsweise Männlichkeit und Weiblichkeit, sind nicht nur unterschiedlich in ihrer Begrifflichkeit, sie differenzieren sich nicht alleine in ihren biologischen Anlagen, sie unterscheiden sich in weitaus mehr Dingen als den klischeehaften Aussagen, wie „Frauen können nicht einparken", oder „Männer hören nie zu.".

Für die gender bezogenen Sozialwissenschaften, als auch die gender bezogenen Bildungswissenschaften, ist das Feld der Geschlechterforschung ein umfassendes, weit verzweigtes Themengebiet, das sich, neben der Forschung der Begriffe in der heutigen Zeit, auch im Hinblick auf die historische Entwicklung untersuchen lässt. In beiden Wissenschaften werden die Begriffe nicht nur separat verstanden und definiert, sondern auch miteinander in Verbindung gebracht. Um Verhältnisse innerhalb der Geschlechter, also wie verhält sich ein Mann gegenüber eines anderen Mannes, oder wie verhalten sich Frauen untereinander, oder in Wechselwirkung mit dem jeweils anderen Geschlecht zu verstehen, ist dieses Forschungsgebiet von existentieller Bedeutung.

Mit Hilfe von Ergebnissen geschlechtsbezogener Forschungen lässt sich die Konsum-orientierte Umwelt der Industrieländer gestalten. Beispielsweise ist es für eine Werbeagentur, die im Auftrag für einen Großkonzern arbeitet, der TV Werbung schaltet, von Bedeutung, einen Werbespot für ein aufgetragenes Produkt attraktiv zu gestalten. Dies funktioniert nur, wenn das Denken der jeweiligen Adressaten begriffen, und demnach zum Kauf des Produktes hin beeinflusst werden kann.

In der folgenden Arbeit setze ich mich erstens damit auseinander, wie die Begriffe *Männlichkeit* und *Weiblichkeit,* bzw. *Maskulinität* und *Feminität,* damals verstanden wurden, welche Entwicklung sie bis zum heutigen Verständnis durchlebt haben, in welcher Form soziale Gleichheit, aber auch soziale Ungleichheit zwischen den Geschlechtern stattfindet und wie es zu verstehen ist, wenn man von Unterdrückung innerhalb der Geschlechter spricht. Hierbei ist anzumerken, dass die Unterdrückung von Männern gegenüber Frauen zu verstehen ist. Am Ende dieses ersten Hauptteils werde ich mich damit beschäftigen, wie sich das aktuelle Verhältnis von Maskulinität und Feminität in der Zukunft weiterentwickeln könnte, ob es eher rückläufig ist, oder sich sogar in eine entgegengesetzte Richtung entwickeln kann.

Zusätzlich zu diesen theoretisch orientierten Kapiteln, ist es mir wichtig das Thema zweitens auch praktisch aufzugreifen. Hierbei werde ich durch eine qualitative Umfrage, mit zufällig ausgewählten Menschen, herauszustellen, ob Menschen in Deutschland, einem fortgeschrittenen, Wirtschaft-orientierten Staat, soziale Ungleichheit zwischen den Geschlechtern wahrnehmen, ob das Thema *Unterdrückung von Frauen durch Männer* für sie aktuell, oder doch nur ein Teil der

Historie ist, beziehungsweise, ob sie bei diesem Punkt zwischen Kulturen und Religionen unterscheiden, oder nicht. Nach einer Analyse der Umfrageergebnisse, werde ich in einem dritten, abschließenden Teil der Arbeit, dem Fazit, herausarbeiten, inwiefern die Theorie mit der Praxis zusammenhängt und welchen Wandel die Begriffe erlebt haben.

2. Theoretischer Hauptteil

2.1. Männlichkeit - Begriffsanalyse

Zu aller erst setze ich mich im theoretischen Teil meiner Hausarbeit mit dem Begriff der „Männlichkeit" auseinander. Ich habe bewusst den Begriff der Männlichkeit gewählt, statt dem des „Mannes", da sich dies nicht alleinig auf z.b. die Geschlechtsorgane begrenzt. Stattdessen gibt es noch zusätzlich den Raum für eine Definition; z.B. von dem Gemüt eines Mannes.

Es ist nicht leicht eine komprimierte Explikation zu finden und formulieren, denn Männlichkeit lässt sich nicht alleine am Alter des männlichen Geschlechtes festmachen, oder aber am Körperbau einer Person, denn ebenso ist es denkbar, dass auch Frauen über einen maskulines Äußeres verfügen (zum Beispiel Leistungssportlerinnen, endokrinologisch-erkrankte Frauen) können. Nahe liegt also, dass Männlichkeit zusätzliche Faktoren beinhalten muss. Beeinflussend kommt gewiss hinzu , wie sich eine Person selbst sieht oder fühlt. Ferner braucht es einen weiteren zu betrachtenden Aspekt, um explizit von Maskulinität sprechen zu können, wenn sich weder Körperbau, noch Empfindung oder Gesinnung als ausreichend erweisen.

Deutlich wird bereits zu diesem Zeitpunkt, dass sich eine komprimierte Explikation als diffizil gestaltet.

Um jedoch einen weiteren Aspekt mit einzubringen, wären die gesellschaftlichen Faktoren und Eigenschaften von beachtlicher Bedeutung. Um sich davon einen Überblick zu verschaffen und überdies die Begriffsanalyse zu erweitern, müsste man die die Historie betrachten, doch wäre man allerdings mitten im nächsten Kapitel, dem der Historie.

2.2. Historische Entwicklung des Männlichkeit-Begriffs

Um also den Begriff der Männlichkeit näher definieren zu können, beschäftige ich mich in diesem Kapitel mit dem historischen Werdegang der Bezeichnung „Männlichkeit".

Wer das Wort „Mann" hört, dem kommen sicherlich postum noch Attribute in den Kopf wie u.a. „stark", „stoisch" bezogen auf seine Emotionen, „der, der das Geld ins Haus bringt".

Es halten sich diese Klischees hartnäckig.

Ich werde mich nun als erstes mit den 1940er Jahren am Beispiel von Deutschland beschäftigen.

Ein Mann sollte Mitte der 40er Jahren vor allem tüchtig und gehorsam sein. Der „Familienvater" war der jenige, der hart arbeitete und sich im Krieg als Soldat für das deutsche Reich stellen sollte. Es war ihm untersagt seine Kinder zu erziehen, oder sich um den Haushalt zu kümmern. Er lehrte jedoch seiner Frau und seinen Kindern Gehorsam. Das männliche Geschlecht identifizierte sich mit den Aufgaben eines Soldaten. - Einstehen für das Reich, dem Führer gehorchen, selbst wenn sein Leben davon abhing, der Autorität dienend. Der Mann wurde seinerzeit als heroisch – heldenhaft und furchtlos beschrieben. *Natürlich auch nur dann, wenn sie der idealisierten und radikalisierten Vorstellung Hitlers nach entsprachen.*

Einem deutschen Mann also, dem zu dieser Zeit Attribute wie beispielsweise tapfer und kühn zugesprochen worden, musste sich, inklusive seiner Emotionen beherrschen können. - Stärke beweisen, ohne dass jemand Argwohn schöpft.

Allerdings ändert sich ab 1970 fortwährend, der Anspruch an das maskuline Geschlecht und dem Männlichkeits-Begriff immens. Den Anfang brachte die 1968-er Bewegung hervor.

Es kam plötzlich eine Lebhaftigkeit unter den Menschen auf. Alles, was zuvor starr und fahl wirkte, wurde plötzlich koloriert, kontrastierend und divergend.

Alternativbewegungen oder auch neue soziale Bewegungen taten sich vorerst in Westeuropa (und Nordamerika) auf. Man wollte sich nun, vor allem die junge Generation, um Veränderungen bemühen. Die wohl mitunter bekanntesten Bewegungen waren die „Flower-Power,-" und „Hippie-Bewegung". Es zeigte sich ein zuvor nicht gekanntes Bewusstsein für z.B. politische Prozesse, woraus sich folglich eine neue Identitätsvorstellung ergibt. Man wehrte sich gegen die bisher geltenden Normen.

Aufgrund dessen brachte dies natürlich auch eine Veränderung der Männlichkeit, bzw. deren Begriffs mit sich, da es mitunter alleine die Optik der jungen Menschen verdeutlicht. Nun sind z.B. lange Haare und bunte Kleidung an der Tagesordnung. Daraus lässt sich bereits ein gewisses „Verwirklichen" der eigenen Persönlichkeit" ableiten. - Sich nicht mehr hinter einer starren Fassade verstecken müssen, stattdessen revolutionieren, sich expressiv und extravagant zeigen. Meist Geschlechter-unspezifisch.

Ein Beispiel wäre die sexuelle Orientierung in den 1970,- 1980er Jahren. Dies war kein wie zuvor, absolutes Tabuthema mehr. Es herrschte fortan mehr Offenheit, Geschlechter-unabhängig. Wenn auch es sich auf noch konservativer Seite empört zeigte. Kern des ganzen Umbruchs zu der Zeit für die „Männlichkeit": Die Individualisierung tritt ein wenig mehr hervor.

Es herrschte nach wie vor, eine höhere männliche Führungskraft u.a. bzgl. in Arbeitsbetrieben. Trotz der vielen Veränderung in diesen zwei Jahrzehnten (1970-1980), ist es zu und nach der Zeit, immer noch der Fall, dass der Mann die Rolle des „Unterdrückers" hat, bzw. die des dominanten Geschlechts, was seine „Männlichkeit" über die Jahrzehnte hinweg formt und das zusätzlich dazu beiträgt, dass sich die Klischees etabliert haben.

Das leitet zugleich den nächsten und für dieses Kapitel letzten Bezug auf die Historie des „Männlichkeit-Begriffs" ein, die Etablierung der Klischees.

Dennoch hat sich in den letzten Jahren einiges verändert, was den Männlichkeits-Begriff anbelangt, denn als männlich gilt heutzutage auch ein Familienvater, der sein Kind mit erzieht, oder in Elternzeit geht, während seine Frau arbeitet, das wäre früher wohl mit nichten denkbar gewesen, obwohl ein wenig von dem verpönten Image weiterhin vorhanden ist . Einem Mann wird mittlerweile zugestanden, sich über seine Emotionen und Gedanken zu äußern. Er darf sich authentisch geben. Zumindest sofern man sich auf die moderne Weltanschauung beruft, denn der Begriff und deren Definition spaltet sich weiterhin in die moderne,- und konservative Auffassung, in vielerlei Hinsicht. Festhalten lässt sich jedoch, dass es dem „Männlichkeits-Begriff", inklusive dem Mann fortwährend Aspekte zugesprochen werden, die früher lediglich der Frau geltend gemacht worden waren, überdies also, löst sich stets mehr das obstinate Stereotyp.

2.3 Feminität – Begriffsanalyse

In diesem Kapitel des theoretischen Teils meiner Hausarbeit setze ich mich als Pandant zum ersten Kapitel mit dem Begriff der Feminität auseinander.

Den Terminus „Feminität" wählte ich bewusst aus, da er weitläufig und neutraler ist, als bspw. „die Frau" und um mir ggf. Raum für eine umfängliche Definition zu lassen.

Der Begriff lässt sich meiner Meinung nach, ein wenig vorteilhafter analysieren, da „Fraulichkeit" an sich eher ersichtlich (zumindest optisch) ist, als Maskulinität, weil der Betrachter immerhin die Möglichkeit erhält, durch die markante Eigenschaften (etwa wie die des Busens) auf den ersten Blick eine Feminität auszumachen. Es ist dennoch durchaus diskutabel ob die Optik einen beachtlichen Vorteil darstellt, denn nicht allzu utopisch ist die Annahme, dass ebenso Männer (beispielsweise bei Adipositas) über die, der vermeintlich weiblichen Brust, verfügen können.

Analytisch erschwerend hinzu kommt nämlich zusätzlich, dass es sich dabei weder alleinig am biologischen Alter des weiblichen Geschlechts festmachen lässt, noch am Habitus oder aber, wie bereits angesprochen, an physiologischer Konstitution einer Person.

 Nahe liegt also, dass Feminität weit mehr damit zu tun hat, als mit den obig aufgeführten Aspekten um folglich pauschal von Feminität sprechen zu können.

Offensichtlich wird bereits zu diesem Zeitpunkt, dass sich eine prägnante Erläuterung als äußerst komplex erweist.

Von beträchtlicher Bedeutung wären demnach die gesellschaftlichen Faktoren und Eigenschaften des weiblichen Wesens. Hiermit begänne ich allerdings das nächste Kapitel, da ich keine Eigenschaften, die möglicherweise Klischee besetzt wären, aufführen möchte, sondern fundiertes historisches Wissen.

2.4.Historische Entwicklung des Feminitäts-Begriffs

Der Schlusssatz des vorherigen Passus leitet unmittelbar in dieses Unterkapitel über, denn um zu verstehen, was Feminität insgesamt bedeutet, ist es unumgänglich, einen Blick auf den historischen Werdegang des Begriffs zu richten. Um einen direkten Vergleich zu der geschichtlichen Entwicklung des Männlichkeits-Begriffs bilden zu können, werde ich möglichst an den gleichen Jahrzehnten anknüpfen.

Auch wird dieser Begriff auffällige Charakteristika besitzen. Erwähnt seien lediglich, eine Frau ist für den Haushalt und die Erziehung der Kinder zuständig, Frauen sind labil,

sie können kein Auto fahren und nicht gut einparken.

Bis zum heutigen Begriff,wie ihn interpretieren oder was wir ihm zugestehen, und dem wie es sich im Verlauf gestaltete, liegt eine intensive und zugleich immense Entwicklung zugrunde.

Sei es das legale Erlangen von Bildung oder politische Mitbestimmung – das Wahlrecht. Ich betrachte jedoch den Entwicklungsstand anno 1940 bis etwa 1945 und eine weitere historisch bedeutsame Zeit für die Entwicklung.

Zur Zeit des 2. Weltkriegs war der Frau in erster Linie die Rolle der Hausfrau zugeschrieben. Sie hatte sich um den Haushalt, die Kindererziehung zu kümmern und sollte fortwährend Kinder gebären, um für den Erhalt des Volks zu sorgen. Das Auflehnen gegenüber ihres Ehemanns, sowie zu arbeiten war ihr nicht gestatten bzw. äußerst ungerne gesehen.

Das erlangte Wahlrecht zu Zeiten der Weimarer Republik verlor sie und ebenso waren die Bildungschancen zu dieser Zeit erheblich eingeschränkt worden. Feminität bedeute in den 40er Jahren vor allem Erhalt, Zusammenhalt und Versorgung der Familie, da damals der Grundsatz galt, dass Frauen in verantwortlich bedeutsamen Arbeitsstellungen nichts zu suchen hatten, sie „taugen" zu nichts. Lediglich in niedrigeren Positionen waren sie als Arbeitskräfte dienlich, weil es Deutschland an Arbeitskräften mangelte, während die Männer als Soldaten an der Front kämpften.

In den sechziger Jahren gab es eine Vielzahl an Protesten, in denen primär junge Frauen für politische Ziele eintraten und sie gegen ihre als starr behaftete Rolle, inklusive gegen Missstände angehen wollten. Sie kämpften u.a. für Gleichberechtigung zwischen ihnen und den Männern und machten sich stark für das Recht der Abtreibung bei ungewollter Schwangerschaft. Jedoch benötigten Frauen zu der Zeit für viele Dinge stets die Zustimmung ihrer Ehemänner, was es dem femininen Geschlecht nicht erleichterte, ihre Ziele erreichen zu können. Schließlich gründeten sich Vereine in denen Frauen vertreten waren und erste Frauenhäuser boten misshandelten Frauen und Kindern Schutz an, was zuvor nicht selbstverständlich war, denn von Vergewaltigungen in einer Ehe, war vor der Frauenbewegung in den siebziger Jahren keine Straftat.

Doch nun interessierte es auch Medien, in welcher Situation eine Frau steckte. Zu bedeutsame Entwicklungen zählte außerdem noch, dass sich junge Frauen mit ihrer gesellschaftlichen Rolle auseinandersetzten und diese hinterfragten,- sie machten sich Gedanken über ihre Erwartungshaltung an das Leben, was es zuvor in der Art und Weise nicht gegeben hatte.

Gegen Ende dieser epochal wichtigen Zeit für den Feminitäts-Begriffs, ergaben sich auf den Ebenen Ehe,- Familienrecht sowie der Aspekt des Berufslebens dazu. Eine vollkommene Parität gestaltet sich gewiss noch mal anders, allerdings war dieses Jahrzehnt von erheblicher Relevanz für die Feminität und den allmählichen Verlauf.

Ebenfalls in heutiger Zeit sind, jedenfalls juristisch und theoretisch gesehen, den Männern beträchtlich nah. Per Gesetz und auch bezogen auf das Rollenbild und deren Erwartung an jeweiliges Geschlecht, Genannt seien Haushaltsaufteilung, Erziehung, noch sog. Mutterschutz (…) Auch die Position und Offenheit gegenüber sexueller Orientierung - von sowohl Frau als auch Mann - entwickelt sich mit zunehmender Akzeptanz. Das, was früher noch als verrufen oder skandalös galt, löst sich mittlerweile sukzessiv von Kompromität und schlechtem Leumund ab.

Gleichwohl dem Feminitäts-Begriffs gegenwärtig positive Ären von 1970 bis heute zurücklegen, existieren nach wie vor Ungleichheiten und es wird vermutlich noch Ausarbeitung mannigfaltigster Art benötigen, um eine homogene Ebenbürtigkeit von Femininum /Maskulinum zu erschaffen.

2.5. Soziale Ungleichheit zwischen Mann und Frau

Wie bereits aus dem letzten Satz des vorherigen Kapitels ersichtlich, existieren weiterhin Ungleichheiten zwischen beiden Geschlechtern. Darauf möchte ich nun Bezug nehmen.

„ (…) So geht die Sozialstrukturanalyse davon aus, dass soziale Ungleichheiten zwischen Frauen und Männern nicht von natürlichen, biologischen Unterschieden herrühren, sondern dass ihnen im

Wesentlichen soziale Ursachen zugrunde liegen."[1]

Zu heutiger Zeit betreffen die geschlechtsspezifischen Ungleichheiten noch einige wenige Bereiche. Das bestätigt somit die Aussage und Annahme der Sozialstrukturanalyse. Den Bereich der Arbeitswelt werde ich zuerst vertiefen. Angemerkt sei an dieser Stelle bereits, dass seit die Bildungschancen inklusive der Möglichkeit für Frauen sich beruflich nach Wunsch verwirklichen zu können, nichtsdestotrotz erhebliche Differenzen zu verzeichnen sind.

Um sich tatsächlich auf die „Arbeitswelt" zu fokussieren, lässt sich z.B. alsbald feststellen, dass Frauen und Männer in beruflicher Hinsicht (Ausbildung/Studiengang) die traditionellen Berufe ergreifen. Männer favorisieren technisch-mathematisch-naturwissenschaftliche Arbeiten, die Frau präferiert sozial-orientierte Bildungsgänge. Das weist auf eine soziale Irregularität hin, da sie sich trotz der „modernen Gesellschaftsstruktur" weiterhin mit der Tradition identifizieren zu scheinen und sich dort ein Wandel mäßig vollzieht.

Mittlerweile wird an Schulen geworben, dass und damit auch das feminine Geschlecht die sogenannten „MINT-Fächer"[2] ergreift.

Doch im Zuge dessen stößt man postum auf eine weitere, nicht zu vernachlässigende Ungleichheit in unserer momentanen Gesellschaft zwischen den Geschlechtern. Der Verdienst der Geschlechter.

Denn trotz einheitlichen Bildungschancen wie oben erwähnt, zeigen sich Differenzen in den Gehältern bei Männern und Frauen, während Männer, immer noch mehr verdienen, als die Frauen.

Der „Gender-Pay-Gap" beschreibt die Lohnlücke der Geschlechter. Laut statistischem Bundesamt liegt der Verdienstunterschied im Jahre 2010 bei 22% Gehaltsdifferenz. Es gibt dafür jedoch größtenteils Erklärungsansätze, weswegen Frauen pro Stunde zwischen 14 bis etwa 16 Euro verdienen und Männer 18 bis 20 Euro.[3]

Das feminine Geschlecht ergreift weniger Führungspositionen im Job und arbeiten häufig in schlechter bezahlten Berufsgruppen, das somit die Berufs,- und Branchenwahl etwa 2/3 der Gender-Pay-Gap ausmacht. Ferner arbeiten Frauen oftmals mehr in Teilzeit und fallen aufgrund von Geburten länger aus, da viele Mütter in Mutterschaftszeit gehen.[4]

Es nehmen zwar auch Väter zunehmend einen Vaterschaftsurlaub, während die Frau arbeitet, dennoch ist dies nicht die Regel.

Dies nun berücksichtigt ergibt den „bereinigten Gender-Pay-Gap". Dabei handelt es sich um

---

1 www.bpb.de/izbp/198038/ungleichheiten-zwischen-frauen-und-maennern?p=all

2 MINT= *Mathematik-Informatik-Naturwissenschaft-Technik*

3 Stand 2010, www.bpb.de

4 http://www.zeit.de/karriere/beruf/2014-03/lohn-unterschied-gender-pay-gap-bezahlung

geschlechtsspezifische Verdienstdifferenzen bei vergleichsbaren Positionen, Qualikitionen, ähnlichem Alter, geringfügig unterschiedliche Erfahrungswerte bei gleichartigem Job. Dabei ergibt sich immerhin eine Verdienstlücke von 7-8% pro Stunde zum Nachteil der Frau in Deutschland. Die Ursachen der „Geschlechter-Diskriminierung" konnte bislang noch nicht vollständig aufgeklärt werden.[5]

Überdies wird mittlerweile von niederländischen Wissenschaftlern die These aufgestellt, dass Frauen bei der Arbeit bezüglich der Abstimmung um die Raumtemperatur benachteiligt werden.

"In vielen Gebäuden richtet sich die Raumtemperatur nach der Körperwärme von Männern", sagte Boris Kingma, Biophysiker der Uni Maastricht, der "New York Times". Weltweit orientiere man sich noch immer an einem Modell aus den Sechzigerjahren - und dieses berücksichtige den Stoffwechsel eines 40 Jahre alten und 70 Kilogramm schweren Mannes. (...)"[6]

Auch analysierten Wissenschaftler, wie es um die Qualitäten von Frauen in Führungspositionen steht. Offenkundig wird auch in diesem Punkt, dass sich eine Diskrepanz zwischen den Geschlechtern aufweisen lässt. Unternehmen, die vom femininen Geschlecht geleitet werden, seien erfolgreicher, schöpferisch-neuartiger und vor allem luktrativ. Das hat die Studie des Dienstleistungsunternehmens „Sodex" ergeben.[7]

2.6. Männer als Geschlecht der Unterdrückung

In diesem Abschnitt meiner Hausarbeit beschäftige ich mich mit der Art und Weise, wieso der Mann als das Geschlecht der Unterdrückung gilt. Dazu betrachte ich zum einen das Konzept von Hearn (1987), als auch die Anschauuung von Bob Connell (1987).[8]

Beide Soziologen analysieren sowohl den Aspekt „Unterdrückung der Frau durch den Mann", als auch die Dominanzverhältnisse unter Männern selbst.

Jeff Hearn beschreibt das bestehende Konzept des Patriarchs-/Frauenforschung auf, bringt jedoch den Binnenaspekt der maskulinen Macht mit ein.

Nach Hearn bedeutet Maskulinität auch Machtbeziehungen gegenüber Frauen, Kindern, jungen Menschen, aber ebenfalls auch gegenüber anderen Männern. Hauptsächlich richtet sich die Repression allerdings gegen Frauen. Der Ansatzpunkt seiner Macht besteht in der Aneignung von Reproduktionsfähigkeit der Frau. Die Geschlechterrollen gleichen seiner Ansicht nach, einer feudalen Ordnung.

---

5 http://www.zeit.de/karriere/beruf/2014-03/lohn-unterschied-gender-pay-gap-bezahlung

6 http://www.spiegel.de/karriere/berufsleben/warum-frauen-im-buero-schneller-frieren-als-maenner-a-1046559.html

7 https://de.finance.yahoo.com/nachrichten/studie—frauen-sind-die-besseren-chefs-122107392.html

8 Vgl. *Connell, Robert B.*: Der gemachte Mann [...]

In männlich definierten Institutionen gilt die Unterdrückung der Frau laut Hearn, als systematisch, da er der Annahme ist, dass Männer naturgemäß, aus organischer Sicht nicht   autoritär sind, sondern sog. Agenten der Unterdrückung sind.

Er unterteilt in insgesamt vier Institutionen, die allesamt männlich konnotiert sind.

Als erste nennt der die hierarchische Sexualität. - d.h. Die sexuelle Dominanz des Mannes ist solange festgeschrieben, bis die kulturelle Norm der Heterosexualität an Gewicht verliert. Seine nächste Institution ist die Vaterschaft, - Sie ist im Gegensatz zur Mutterschaft nicht bewiesen, was zur Folge hat, dass der Vater ein Mittel zur Kontrolle der reproduktiven Kapazität der Frau bedeuten kann.

Seine als dritte aufgeführt Institution lautet Professionen, worunter man versteht, dass die Kirche, das Recht und zuletzt die Medizin drei Instanzen bilden, die zusammen Sexualität, Geburt und Erziehung in gewisser Weise prüfen und steuern können, was letztlich die patriarchale Kontrolle vom Mann an seine Ehefrau bildet, ausgeübt bzw. ergänzt durch Akteure der   Profession/,- Professionsvertreter; z.B. durch einen Mediziner.

Der „öffentliche Bereich - Staat" von Hearns insgesamt vier aufgeführten Institutionen beinhaltet die größte Konzentration von patriarchaler Macht, da hinter der Neutralität des Staates männliche Dominanz ist. Dabei handelt es sich um ein äußerst relevantes Mittel, um die maskulin bestimmte Öffentlichkeit somit ebenfalls ins Private übertragen zu können.

Wie bereits oben erwähnt, existiert nicht lediglich die Unterdrückung zwischen Mann und Frau, sondern auch zwischen dem maskulinen Geschlecht untereinander und gegen sich selbst. Das mit oftmals drastischen Folgen, was das männliche Dominanzstreben verursacht, da sie aufgrund Wettbewerbs- und Konkurrenzkämpfen Stress erleiden und damit Gesundheitsrisiken eingehen.

Das Resümee von dem Soziologen Hearn: „Wir Männer sind geformt und gebrochen durch unsere eigene Kraft." Ergo: Männer gelingt es nicht, nicht zu unterdrücken.

Rückblickend auf sein Patriarchatskonzept, müssen folgende Einwände erhoben werden.:

Sein Determinismus verursacht einen voreingenommenen Blick auf die Empirie „Gender of opression", da sie eine Richtung vorzugeben scheint.

Des weiteren ist die Schuldfrage geklärt, was sich sowohl für Gender-politische Praxis, als ebenso bezogen auf empirische Forschung negativ auswirkt.

Zuletzt sei zu erwähnen, dass der Begriff „Patriarchat" auch weniger deterministisch betrachtet, die Eigenheiten in der Vielfalt der gesamten Beziehungen verfehlt. Dies bedeutet für das Fazit, dass es noch an anderen analytischen Mitteln bedarf, um solche Beziehungen zu klären, womit ich zugleich zu einem anderen Ansatz übergehe, und zwar dem „hegemonialen Maskulinitäten"-Ansatz von Bob Connell. „Hegemoniale Maskulinität" vermeidet den Determinismus vom Patriarchatskonzept und berücksichtigt dennoch das Dominanzverhältnis unter Männern. Eine Theorie der Praxis ist notwendig, um eigene Begrifflichkeiten zu entwickeln und muss darin autonom sein. Zu berücksichtigen sind einerseits die Leistungen der handelnden Subjekte, und andererseits die Strukturen von sozialen Beziehungen, um ein Verhältnis zwischen Handlung und Struktur zu beschreiben. Da Connell Ahistorizität kritisiert; Männer werden als undifferenzierte Klasse behandelt und er zudem im Jahre 1995 selbst öfter den Begriff patriarchale Macht erwähnt, ist es nicht möglich, eine eindeutige Deutung über seine Meinung zu Patriarchatstheorie vorzunehmen. Bob Connell unterscheidet in seinem Konzept zwischen drei Strukturen, wie Geschlechterverhältnisse jeweils organisiert sind.

Die erste Struktur beinhaltet „Arbeit und Produktion", die nach dem Organisationsprinzip der Trennung bezüglich der Arbeitsteilung arbeitet.

Als seine zweite genannte Struktur gilt die „Macht", welche dem Organisationsprinzip ungleicher Integration aufgrund Unterordnung folgt. Seine letzte Struktur basiert auf der emotionalen Bindung. Damit wäre diese Struktur durch libidinöse Besetzung organisiert.

Diese Unterscheidung gewann B. Connell empirisch und sind sowohl historisch, als auch kulturell kontingent. Er weist folglich auf Schemata hin, die das Geschlechtsverhältnis reproduziert und auch somit manifestiert.

Allerdings überlagert „Macht" die Arbeits- und Produktionsstruktur und die libidinöse Besetzung. Ergo: Macht ist die primordale Kategorie in seiner Geschlechtstheorie. Der Kern in seiner Theorie lautet Hegemonie und basiert auf der Machtkategorie.

Er betrachtet die Bestimmung der Männlichkeit durch Interaktionen zwischen „Mann und anderen Männern" und natürlich ebenfalls zwischen „Mann zu Frau".

Angesichts der globalen maskulinen Dominanz, kann eine hegemoniale Weiblichkeit nicht existieren, da es bei dem femininen Geschlecht eine Dominanzbeziehung nur innerhalb des eigenen Geschlechts gibt. Das er die Macht des Mannes als Kategorie in den Vordergrund stellt, macht die „betonte Feminität" kenntlich, denn diese Frauen erklären sich mit der eigenen Unterordnung und der Orientierung an den Interessen und Wünschen des Mannes einverstanden. Dieses Einverständnis mit der eigenen Position innerhalb einer Beziehung wird oftmals durch Gewalt erzwungen, dazu kommt es dann, wenn die kulturelle Hegemonie versagt. Zum derzeit hohen Gewaltausmaß, meint Connell, dass es in der modernen Geschlechterordnung Krisentendenzen aufzeigt.

3. Praktischer Hauptteil

3.1. Qualitative Umfrage zum Thema *gender bezogene Ungleichheit*

3.1.1. Vorstellung der Umfrage

Die Umfrage zum Thema *gender bezogene Ungleichheit* ist eine qualitative Umfrage, denn sie wurde lediglich mit 22 Personen durchgeführt. Sie dient der Antwortfindung auf die Frage, ob die theoretisch erarbeiteten Ergebnisse dieser Arbeit, auch ebenso praktisch zu verzeichnen sind, oder ob sie in keinem Zusammenhang stehen. Die befragten Personen waren in gleichen Teilen Männer wie Frauen, damit sich die Ergebnisse, eben gerade bei diesem Thema, eindeutiger deuten lassen können. Zudem habe ich bei den Fragebögen unterschieden, ob die Befragten heterosexuell, oder homosexuell sind, da dies für ihren eigenen Begriff von Männlichkeit bzw. Weiblichkeit, eine große Rolle spielt.[9] Weiterhin spielte das Alter für mich eine entscheidende Rolle, denn die Generation der man angehört, unterscheidet wie man die Geschlechter und deren Rollen begreift.[10][11]

Neben Geschlecht, sexueller Orientierung und Alter, war mir die religiöse Gemeinschaft, der die Person angehört wichtig, da sich Maskulinitäts- als auch Feminitätsbegriff von Religion zu Religion unterscheiden. Bewusst habe ich mich dazu entschlossen, die Umfrage lediglich auf fünf Fragen zu beschränken, um mehr Gewichtung auf die Analyse der Ergebnisse legen zu können und eine klare Linie einzuhalten. Die fünf Fragen 1. *Welches Geschlecht ist für Sie das Dominante(re)?*, 2. *Haben sich Ihrer Meinung nach die Erwartungen an die Geschlechter(rollen) in den letzten Jahren/ evtl. Jahrzehnten verändert?*, 3. *Haben Sie persönlich schon Erfahrungen mit sozialer Ungleichheit/ Ungleichberechtigung zwischen Mann und Frau gemacht?*, 4. *Sind Sie durch Medien (TV, Radio, Internet, Soziale Netzwerke) schon einmal auf soziale Ungleichheit/ Ungleichberechtigung zwischen Mann und Frau aufmerksam geworden?* Und 5. *Würden Sie sich Veränderungen in der Rollenverteilung und/oder der Erwartungen an Ihr Geschlecht wünschen?* Sind für mich die Kernfragen, um herauszufinden inwieweit die Theorie[12] mit der tatsächlichen Praxis zusammenhängt. Außerdem dienen diese Fragen dazu, das Empfinden der Menschen in Deutschland (hier: Nordrhein-Westfalen) in Bezug auf ihr Geschlecht kennen zu lernen und anschließend miteinander vergleichen zu können.

Die Umfrage wurde als Fragebogen in Papierform erstellt und verteilt und mit farbgleichen Kugelschreibern ausgefüllt. Damit die Antworten anonym bleiben, wurden die ausgefüllten

---

9   Vgl. *Meuser, Michael:* Geschlecht und Männlichkeit: Soziologische Theorie und kulturelle Deutungsmuster. S. 94-104

10 Vgl. Kapitel 2.2 und 2.4: Da das Verständnis von Geschlechterrollen einen Wandel erlebt hat, unterscheiden sich die Ansichten je nach Generation bzw. allgemeiner gefasst, nach dem *sozialen Habitus.*

11 Vgl. *Fröhlich, Gerhard* und *Rehbein, Boike (Hrsg.):* Bordieu-Handbuch. Leben – Werk – Wirkung. S.110-117

12 Vgl. 2. Theoretischer Hauptteil

Fragebögen zudem in neutrale Briefumschläge gesteckt. Die Erstellung, Verbreitung und Auswertung der Fragebögen habe ich in Eigenarbeit vorgenommen.[13]

Geschlecht:
Weiblich
Männlich

Sexuelle Orientierung:
Heterosexuell
Homosexuell
Anderes und zwar: _____

Alter:
18-30
31-49
50 und älter

Religion:
Christlich
Muslimisch
Anderes und zwar: _____

Bitte beantworten Sie folgende Fragen ehrlich und nach eigener Einschätzung.
Ihre Antworten werden dabei streng anonym behandelt. Dankesehr.

1.) Welches ist für Sie das dominante(re) Geschlecht?
   a) Die Frau
   b) Der Mann
   c) Beide gleich
2.) Haben sich ihrer Meinung nach die Erwartungen an die Geschlechter (rollen) in den letzten Jahren/ evtl. Jahrzehnten verändert?
   a) Ja
   b) Nein
   c) Weiß nicht
3.) Haben Sie persönlich schon Erfahrungen mit sozialer Ungleichheit / Ungleichberechtigung zwischen Mann und Frau gemacht?
   a) Ja
   b) Nein
   c) Weiß nicht
4.) Sind Sie durch Medien (TV, Radio, Internet, Soziale Netzwerke) schon einmal auf soziale Ungleichheit/ Ungleichberechtigung zwischen Mann und Frau aufmerksam geworden?
   a) Ja
   b) Nein
   c) Weiß nicht
5.) Würden Sie sich Veränderungen der Rollenverteilung und/oder der Erwartungen an Ihr Geschlecht wünschen?
   a) Ja
   b) Nein
   a) Weiß nicht

Bild 1: Fragebogen, den die Teilnehmer der Umfrage ausfüllen sollten.[14]

---

13 Vgl. 6. Erklärung über selbstständige Arbeit
14 Fragebogen erstellt von Fischer, Anna-Lea (2015)

3.1.2. Ergebnisse der Umfrage

Ergebnisse der Umfrage

Geschlecht:
Weiblich **11**
Männlich **11**

Alter:
18-30 **11**
31-49 **4**
50 und älter **7**

Sexuelle Orientierung:
Heterosexuell: **19**
Homosexuell: **2**
Anderes und zwar: **1 (bisexuell)**

Religion:
Christlich **10**
Muslimisch **7**
Anderes und zwar: **5 (nicht getauft)**

Bitte beantworten Sie folgende Fragen ehrlich und nach eigener Einschätzung.
Ihre Antworten werden dabei streng anonym behandelt. Dankesehr.

1.) Welches ist für Sie das dominante(re) Geschlecht?
    a) Die Frau **3**
    b) Der Mann **16**
    c) Beide gleich **3**

2.) Haben sich Ihrer Meinung nach die Erwartungen an die Geschlechter(rollen) in den letzten Jahren/ evtl. Jahrzehnten verändert?
    a) Ja **9**
    b) Nein **4**
    c) Weiß nicht **9**

3.) Haben Sie persönlich schon Erfahrungen mit sozialer Ungleichheit/ Ungleichberechtigung zwischen Mann und Frau gemacht?
    a) Ja **14**
    b) Nein **7**
    c) Weiß nicht **1**

4.) Sind Sie durch Medien (TV, Radio, Internet, Soziale Nezwerke) schon einmal auf soziale Ungleichheit/ Ungleichberechtigung zwischen Mann und Frau aufmerksam geworden?
    a) Ja **19**
    b) Nein **0**
    c) Weiß nicht **3**

5.) Würden Sie sich Veränderungen der Rollenverteilung und/oder der Erwartungen an Ihr Geschlecht wünschen?
    a) Ja **15**
    b) Nein **7**
    c) Weiß nicht **0**

Bild 2: Ergebnisse des Fragebogens nach Anzahl der gewählten Antwortmöglichkeit[15]

---

15 Auswertung der Fragebögen erfolgte zunächst nach Addition der jeweils gewählten Antwortmöglichkeit, bis hierhin ist lediglich erster Überblick über die Ergebnisse möglich, da bisher keine Zusammenhänge angegeben sind.

An diesem Punkt ist es noch nicht möglich die Ergebnisse im Gesamten zu analysieren. Hierfür muss man einen Blick darauf werfen, welche „Gruppe" der Befragten, also Frauen, Männer, Christen, Muslime, nicht Getaufte, Heterosexuelle, Homosexuelle, Bisexuelle, junge Menschen, Menschen mittleren Alters, oder ältere Menschen, wie geantwortet hat. Es ist nämlich in der Analyse selbstverständlich zu unterscheiden, wie ein junger, nicht getaufer, homosexueller Mann, oder im Kontrast hierzu ein älterer, christlicher/ muslimischer, heterosexueller Mann, die fragen des Fragebogens beantwortet hat.

Zunächst lässt sich aber folgendes festhalten: Die Befragten sind zu 50% weiblich und zu 50% männlich. Neunzehn von ihnen waren zum Zeitpunkt der Befragung heterosexuell, zwei von ihnen, beide männlich, homosexuell und eine befragte Person war (bis dato) bisexuell. Hierbei handelt es sich um eine Frau.

Elf der Befragten waren zum Zeitpunkt der Befragung zwischen achtzehn und dreißig Jahren alt, vier Personen waren zwischen einunddreißig und neunundvierzig Jahren alt und demnach waren sieben der Befragten mindestens fünfzig Jahre alt. Zur Religionszugehörigkeit lässt sich sagen, dass das Feld der Befragten sehr gemischt war. Es nahmen zehn Christen, sieben Muslime und fünf Atheisten/ nicht Getaufte an der Umfrage teil.

Es lässt sich folgende Zusammenstellung festhalten:

Vorhandene Konstellationen

Männlich, heterosexuell, 18-30 J., christlich	2
Männlich, heterosexuell, 18-30 J., muslimisch	2
Männlich, heterosexuell, 18-30 J., nicht getauft	1
Männlich, heterosexuell, 31-49 J., muslimisch	1
Männlich, heterosexuell, 50 J. +, christlich	2
Männlich, heterosexuell, 50 J. +, muslimisch	1
Männlich, homosexuell, 18-30 J., christlich	1
Männlich, homosexuell, 31-49 J., nicht getauft	1
Weiblich, heterosexuell, 18-30 J., christlich	3
Weiblich, heterosexuell, 18-30 J., nicht getauft	2
Weiblich, heterosexuell, 31-49 J., muslimisch	2
Weiblich, heterosexuell, 50 J. +, christlich	1
Weiblich, heterosexuell, 50 J. +, muslimisch	1
Weiblich, heterosexuell, 50 J. +, nicht getauft	1
Weiblich, bisexuell, 50 J. +, christlich	1

Bild 3: Vorhandene Konstellationen der Befragten[16]

---

16 Auswertung der vorhandenen Konstellationen von Geschlecht, Sexualität, Generation/Alter und Religion erfolgte durch die Erstellerin der Fragebögen und Leiterin der Umfrage, Fischer, Anna-Lea (2015)

3.1.3. Analyse der Umfrageergebnisse

Anhand der vorhandenen Konstellationen[17] lässt sich nun analysieren und interpretieren, welche Gewichtung die Anzahl der gewählten Antwortmöglichkeiten mit sich bringt. So werde ich nun zunächst in chronologischer Reihenfolge die Ergebnisse der Fragen durchgehen und dabei die interessantesten Erkenntnisse analysieren. Drei der befragten Personen beantworteten die erste Frage mit a). Für sie ist die Frau das dominante Geschlecht. Hierbei ist zu bemerken, dass alle drei derer die mit „die Frau" stimmten, auch selbst Frauen waren. Weitaus mehr Personen beantworteten die Frage mit b). Der Mann ist für 16 der Befragten das dominante Geschlecht. Bis hierhin ist das Ergebnis der ersten Frage wenig überraschend. Interessant wird das Ergebnis wenn man Antwortmöglichkeit c) betrachtet. Drei Personen beantworteten die erste Frage mit c) „Beide Geschlechter sind gleich dominant". Die einzige bisexuelle Person unter den Befragten, wählte diese Antwortmöglichkeit. Hieraus lässt sich analysieren, dass die Dame unabhängig von Geschlechtsnormen denkt. Da sie sich sexuell an beiden Geschlechtern orientiert, scheint sie auch die Position der Dominanz an keinem einzelnen Geschlecht festzumachen.

Bei der zweiten Frage, ob sich nach Meinung der Befragten die Erwartungen an die Geschlechter, beziehungsweise an die Geschlechterrollen, in den letzten Jahren, oder Jahrzehnten, verändert haben, fielen die Antworten sehr unterschiedlich aus. Neun der Befragten antworteten mit „Ja", vier der Befragten mit „Nein" und weitere neun sagten, sie wissen es nicht. Interessant hierbei ist, dass so viele Personen mit „weiß nicht" geantwortet haben. Das könnte darauf schließen, dass erstens, viele junge Menschen befragt wurden, die durch ihr Alter keinen Vergleich zu früheren Jahren und daher keine Veränderung registriert haben und, dass zweitens viele Personen sich mit der Frage zuvor nicht auseinander gesetzt haben. Schon in Connells Werk „Der gemachte Mann [...]" wird dies deutlich. Personen, die sich in konstruierten Beziehungen befinden, vor allem Frauen, finden sich mit ihrer Rolle ab und konstruieren für sich selbst und die Beziehung, passende Muster, um zufrieden zu sein.[18] Demnach könnten die neun Personen, die mit „weiß nicht" geantwortet haben, sich doch schon zuvor mit der Frage auseinander gesetzt haben, aber den Konflikt verdrängt haben, um weiterhin mit ihrer Position im Privaten und Öffentlichen zufrieden zu sein. Das erklärt, dass drei der heterosexuellen Frauen diese Antwortmöglichkeit gewählt haben. Die weiteren sechs Antwortgeber sind heterosexuelle Männer, die ihrer Antwort nach zu urteilen, in einer traditionellen Beziehung leben und ihre berufliche Tätigkeit schon jahrelang ausüben, sodass sie keine Veränderung in den Geschlechterrollen registriert haben. Weitaus mehr der heterosexuellen Frauen jeder Altersgruppe antwortete mit „Ja", nämlich sieben der befragten Frauen. Die Ansprüche an die

---

17 Vgl. Bild 3
18 Vgl. Robert W. Connell: Der gemachte Mann. Konstruktion und Krise von Männlichkeiten, S. 96-104

Frau werden bewiesenermaßen in den letzten Jahren höher. So müssen Frauen, die eine Familie haben und zusätzlich berufstätig sind, die Aufgabe der Hausfrau, Mutter und , beispielsweise, Angestellten erfüllen. Früher, also in der Generation der derzeit Fünfzigjährigen und älteren Personen, war diese Kombination der Aufgaben noch nicht selbstverständlich. Weiterhin interessant ist, dass die vier Personen, die die Frage mit Nein beantworteten, zu dreiviertel aus der bisexuellen Frau und den zwei homosexuellen Männern bestehen. Warum ausgerechnet diese Personengruppen mit Nein antworteten, könnte daran liegen, dass sie in einer gleichgeschlechtlichen Beziehung leben und eine traditionelle Rollenverteilung von Mann und Frau auch in den Jahren oder Jahrzehnten zuvor nicht stattfand. Daher haben sich deren Meinung nach auch die Erwartungen an ihre Rollen als Mann, beziehungsweise Frau, nicht verändert, sondern sind weiterhin so wie vorher.

Die dritte und die vierte Frage hängen bewusst stark miteinander zusammen. Meine Idee war es, anhand dieser Fragen herauszufinden, wie stark der Kontrast zwischen persönlichen Erfahrungen und Berichten der Medien ist. Haben also viele Menschen persönlich Erfahrungen mit sozialer Ungleichheit, beziehungsweise Ungleichheit zwischen Mann und Frau gemacht, oder ist es eher so, dass die meisten Personen solche Dinge nur durch Medienberichte mitbekommen.

Bei der Auswertung der Ergebnisse stellte ich fest, dass die Personen, die die dritte Frage mit Ja beantworteten, auch die vierte Frage mit Ja beantworteten. Daraus lässt sich schließen, dass diejenigen, die persönlich Erfahrung mit sozialer Ungleichheit, oder Ungleichberechtigung gemacht haben, auch in Medienberichten fixierter auf dieses Thema sind und Berichte darüber bewusster wahrnehmen, als solche Personen, die selbst noch nicht mit dem Konflikt zu tun hatten. Zudem ist auffällig, dass die meisten Befragten schon über Medien auf das aktuelle Thema aufmerksam wurden. Niemand hat noch nichts über soziale Ungleichheit zwischen Mann und Frau gehört oder gelesen. Das wiederum zeigt auf, wie aktuell und brisant dieses Streitthema derzeit ist.

Außerdem haben bei der fünften Frage, ob sich die Befragten eine andere Erwartungshaltung an ihr Geschlecht, beziehungsweise eine differente Rollenverteilung als derzeit vorhanden, wünschen, die meisten Personen mit Ja geantwortet. Von den fünfzehn positiven Antworten, waren tatsächlich zehn von insgesamt elf Frauenstimmen. Die sieben Personen, die mit Nein stimmten, waren demnach zu sechs Siebtel Männer. Erwähnenswert hierbei ist, dass die zwei homosexuellen Männer ebenfalls mit Ja antworteten. Daraus ließe sich deuten, dass sie sich von heterosexuellen Männern, die immer noch das mächtige Geschlecht sind[19], ausgegrenzt und oder diskriminiert fühlen.[20]

---

19 Vgl. Meuser, Michael: Geschlecht und Männlichkeit, Soziologische Theorie und kulturelle Deutungsmuster

20 Vgl. May, Michael: Hegemoniale Männlichkeit

4. Fazit

Insgesamt lässt sich sagen, dass theoretisch als auch praktisch gesehen soziale Ungleichheit innerhalb, und zwischen den Geschlechtern herrscht. Der Mann ist nicht nur klischeehaft gesprochen, das herrschende und mächtige Geschlecht, sondern tatsächlich solches. Dies ist für die damalige, als auch für die heutige Zeit nicht zu widerlegen. Selbst wenn im privaten Bereich, zu welchem die Haushaltsaufteilung, die Kindererziehung und die Gestaltung der Partnerschaft beziehungsweise Ehe, Gleichberechtigung immer intensiver eingefordert wird, findet dort oftmals vor allem für die Frau, das unterdrückte Geschlecht ein unbewusster Machtkampf statt. Ebenso gestaltet sich der öffentliche Bereich, zu dem vor allem das Berufsleben und der Staat zählen. Die Gesellschaft wird immer weiter auf die emanzipierte Frau ausgelegt, Frauenquote und flexibel geteilte Elternzeit bringen die Bedürfnisse der Frau weiter. Auch die Änderung der männlich konnotierten Begriffe wie „Schüler, Student, Beamter" etc. bringt ein Stück weit Gleichberechtigung, jedoch ist die Gesellschaft noch nicht am Ziel angelangt. Hierfür müssen noch zahlreiche Bereiche weiterentwickelt werden. Die Forschung und die wissenschaftliche Arbeit im Bereich soziale Ungleichheit wird also weiterhin bestehen bleiben.

5. Quellen- und Literaturverzeichnis

Bebel, August: Die Frau und der Sozialismus

Binswanger, Christa et al.: Gender scripts: Widerspenstige Aneignungen von Geschlechternormen

Bötticher, Astrid: Was ist Mannhaftigkeit? Der Männlichkeitsbegriff Ludwig Gurlitts und seine Bedeutung heute

Connell, Robert W.: Der gemachte Mann. Konstruktion und Krise von Männlichkeiten (Geschlecht und Gesellschaft)

Fröhlich, Gerhard und *Rehbein, Boike (Hrsg.):* Bordieu-Handbuch. Leben – Werk – Wirkung

Huttner, Hans: Die Veränderung von Maskulinität und Feminität durch Paargruppenanalyse

May, Michael: Hegemoniale Männlichkeit

Meuser, Michael: Geschlecht und Männlichkeit. Soziologische Theorie und kulturelle Deutungsmuster

www.bpb.de/izbp/198038/ungleichheiten-zwischen-frauen-und-maennern?p=all (letzter Zugriff 18.12.2015, 19:52 Uhr)

https://de.finance.yahoo.com/nachrichten/studie—frauen-sind-die-besseren-chefs-122107392.html (letzter Zugriff 19.12.2015, 16:03 Uhr)

http://www.spiegel.de/karriere/berufsleben/warum-frauen-im-buero-schneller-frieren-als-maenner-a-1046559.html (letzter Zugriff 19.12.2015, 16:34 Uhr)

http://www.zeit.de/karriere/beruf/2014-03/lohn-unterschied-gender-pay-gap-bezahlung (letzter Zugriff 19.12.2015, 16:34 Uhr)